Reseña

"Este libro es una herramienta muy útil para aquellos que desean conocer más a profundidad el funcionamiento de la Iglesia; el mismo contiene consejos prácticos para el desarrollo del liderazgo en esta generación".

Pastor Edwin Rivera, pastor principal de la Iglesia Casa De Alabanza.

EL ARTE DEL VERDADERO *Líder*

ÁNGEL MACHADO

EL ARTE DEL VERDADERO
Líder

ÁNGEL MACHADO

ola
PUBLISHING
INTERNACIONAL

Hola
PUBLISHING
INTERNACIONAL

Hola Publishing Internacional
Eugenio Sue 79, int. 4, 11550
Ciudad de México

Primera edición, Marzo 2023
Impreso en los Estados Unidos de América
ISBN: 978-1-63765-385-2
Número de control de la Biblioteca del Congreso: 2023904396

La información contenida en este libro es estrictamente para propósitos informativos. A menos que se indique otra situación, todos los nombres, personajes, negocios, lugares, eventos e incidentes en este libro son producto de la imaginación del autor o usados de manera ficticia. Cualquier parecido con personas reales, vivas o muertas, o eventos actuales, es pura coincidencia.

Hola Publishing Internacional es una empresa de autopublicación que publica ficción y no ficción para adultos, literatura infantil, autoayuda, espiritual y libros religiosos. Continuamente nos esmeramos para ayudar a que los autores alcancen sus metas de publicación y proveer muchos servicios distintos que los ayuden a lograrlo. No publicamos libros que sean considerados política, religiosa o socialmente irrespetuosos, o libros que sean sexualmente provocativos, incluyendo erótica. Hola se reserva el derecho de rechazar la publicación de cualquier manuscrito si se considera que no se alinea con nuestros principios. ¿Tiene una idea para un libro que quisiera que consideremos para publicación? Por favor visite www.holapublishing.com para más información.

Quiero dedicar este libro a todos los ministros y líderes con un hambre para crecer en un ministerio. Hay tantas cosas que uno aprende a través de una búsqueda con el Espíritu Santo. Espero que este libro sea de bendición para todos aquellos que lo lean y de buen provecho para grupos como para individuos.

Quiero que tenga una mente abierta. En este contenido incluyo muchas experiencias que me han servido como crecimiento propio. Quizás Dios trabajará contigo de una manera diferente, pero esta es mi historia. ¡Bendiciones!

ÍNDICE

Prólogo

Sin temor a equivocarme, tienes en tus manos una herramienta útil para el desarrollo de tu vida espiritual y de la vida de tu comunidad cristiana.

Ante la carencia de líderes comprometidos hemos visto el deterioro de comunidades de fe sin una visión clara de servicio.

En este libro, mi amigo, el pastor Ángel Machado, expone de manera clara y sencilla cómo ser un líder efectivo, comprometido y ejemplar para la vida de otros. Te animo a leerlo y aplicarlo en tu vida y sé que tendrás resultados poderosas en tu vida. La experiencia del pastor Machado como líder y pastor te brindará de manera constructiva ideas y enseñanzas muy útiles.

Dios te bendiga y oro para que seas instruido en la palabra.

Con amor,
Evangelista David Valle, Ministerio
Internacional Volviéndonos a Dios

INTRODUCCIÓN

¡Cuando Dios habla, hay que obedecer, aunque se vea difícil! ¡Él sabe lo que hace!

La vida del ser humano se compone de muchos errores, pero solamente un verdadero líder aprende de sus errores. Es importante tener la mente abierta para ser mejores personas. Yo creo que un líder no nace, sino que es entrenado, equipado y luego lanzado al campo. Las cualidades de un buen líder no son solamente aplicadas sobre las experiencias vividas, sino también en todas las decisiones vividas. La Biblia nos enseña: "El principio de la sabiduría es el temor a Jehová" (Reina Valera, 1960, Proverbios 1:7).

Es impresionante que hay tantas personas dentro de un ministerio en cargos de liderazgo pero con una actitud pesima. Una persona una vez dijo "no puedes amar a Dios y tratar a la gente como basura".

Espero que este libro sea de bendicion para tu crecimiento.

CAPÍTULO 1

SOY LLAMADO

Y les dijo: Id por todo el mundo y predicad el evangelio a toda criatura. El que creyere y fuere bautizado, será salvo; mas el que no creyere, será condenado. Y estas señales seguirán a los que creen: En mi nombre echarán fuera demonios; hablarán nuevas lenguas; tomarán en las manos serpientes, y si bebieren cosa mortífera, no les hará daño; sobre los enfermos pondrán sus manos, y sanarán.

(Reina Valera, 1960, Marcos 16:15-18).

Un arte es algo que una persona con experiencia pueda hacer bien. Por ejemplo, un mecánico ha logrado el arte de su trabajo, así como un ingeniero ha logrado masterizar su trabajo. Cuando existe un arte de algo es porque la confianza se puede poner en aquel que tiene experiencia para lograr tener éxito en el área de su trabajo. Cuando una persona especializa en algo su obra de arte es casi perfecta porque esa persona quizás estudio o se preparó para ejercer el oficio determinado. El arte determinado habla mucho de la persona en lo cual trabaja. Cuando hablamos del arte del líder, es decir, lo que hablo lo practico a su perfección. Nota que no estoy diciendo que debemos de vivir perfecto, sino que debemos de perfeccionar lo que hablamos para imitar eso mismo.

Ahora, al recibir un llamamiento de Dios significa recibir un nombramiento o invitación de Él o de los líderes debidamente autorizados de su Iglesia para servirle de una manera particular. "Puso sobre él sus manos, y le dio el cargo" (Reina Valera, 1960, Números 27:23). "Te di por profeta" (Reina Valera, 1960, Jeremías 1:5). "Yo os elegí a vosotros" (Reina Valera, 1960, Juan15:16). "Pablo fue llamado a ser apóstol" (Reina Valera, 1960, Romanos 1:1). "Nadie toma para sí esta honra, sino el que es llamado por Dios"(Reina Valera,

1960, Hebreos 5:4). "Jesús fue declarado por Dios sumo sacerdote según el orden de Melquisedec" (Reina Valera, 1960, Hebreos 5:10).

Los próximos versos hablan de la importancia de un llamado. "Y sabemos que a los que aman a Dios, todas las cosas les ayudan a bien, esto es, a los que conforme a su propósito son llamados" (Reina Valera, 1960, Romanos 8:28). El Señor me llamó cuando era un joven cristiano sin experiencia a través de este pasaje de la Biblia: "Yo Jehová te he llamado en justicia, y te sostendré por la mano; te guardaré y te pondré por pacto al pueblo, por luz de las naciones" (Reina Valera, 1960, Isaías 42:6). Un poco más adelante, mientras dudaba si realmente el Señor me había llamado, Él me recordó este otro versículo: "Porque irrevocables son los dones y el llamamiento de Dios" (Reina Valera, 1960, Romanos 11:29).

¡El llamado divino en mi vida y en la tuya es irreversible! ¡Sí, Dios te ha llamado! Te ha llamado a la salvación, al arrepentimiento, a su amor, a su vida, al destino que ha preparado para ti, a la eternidad. ¡Él te ha llamado a formar parte de la familia de Dios! Y cada día te llama para que te acerques más a Él. Nota que el libro de

Romanos dice: Y sabemos que para los que aman a Dios, todas las cosas obrarán juntamente para su bien, para los que conforme a su propósito son llamados" (Reina Valera, 1960, Romanos 8:28). "Y te daré los tesoros escondidos y los secretos muy guardados, para que sepas que yo soy Jehová, el Dios de Israel, que te pongo nombre" (Reina Valera, 1960, Isaías 45:3).

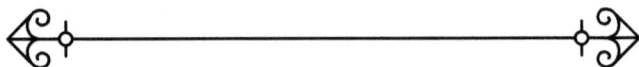

***

Ahora, así dice Jehová, Creador tuyo, Dios de Jacob, y Formador tuyo, O Israel: No temas, porque yo te redimí; te puse nombre, mío eres tú. Cuando pases por las aguas, yo estaré contigo; y si por los ríos, no te anegarán. Cuando pases por el fuego, no te quemarás, ni la llama arderá en ti.

(Reina Valera, 1960, Isaías 43:1-2).

***

¡Querido (a) amigo (a), Dios tiene un llamado divino sobre tu vida! Dios te ha puesto nombre, te conoce y te llama a servirle; ha puesto dones en ti, te ha dado talentos y te llama a desarrollarlos para su gloria.

———————————————————

Mas vosotros sois linaje escogido, genuine sacerdocio, nación santa, pueblo adquirido por Dios, para que anunciéis las virtudes de aquel que os llamó de las tinieblas a su luz honorable; vosotros que en otro tiempo no erais pueblo, pero que ahora sois pueblo de Dios; que en otro tiempo no habíais alcanzado misericordia, pero ahora habéis alcanzado misericordia.

(Reina Valera, 1960, 1 Pedro 2:9-10).

———————————————————

Uno de los errores más grandes que cometemos muchas veces es ejercer un llamado que no nos pertenece. ¿Por qué eso es peligroso? Simple. ¿Cómo es posible que un ingeniero de mecánica trate de ejercer un trabajo de chef sin tener la preparación o estudio correcto o viceversa? Eso no tiene lógica, ¿entonces por qué hay tantas personas tratando de ejercer un llamado que no es de ellos? Una persona en un llamado equivocado es como un barco sin timón, esperando la derrota. El libro de Juan nos dice: "No me escogieron ustedes a mí, sino que yo los escogí a ustedes y los comisioné para que vayan y den fruto, un fruto que perdure. Así el padre les dará todo lo que le pidan en mi nombre" (Reina Valera, 1960, Juan 15:16).

Un buen líder va a dar fruto de su llamado. ¡Quiero hacer énfasis en que Dios es tan ordenado que nunca le va a dar un llamado a un miembro de la Iglesia sin que el pastor lo sepa! Eso es el disparate más grande que una persona puede decir. Cuando sales en el orden perfecto, Dios honrará el llamado y con eso viene el crecimiento. Yo no estoy de acuerdo con Iglesias que tienen 25 años en funcionamiento y sólo tienen 20 miembros; eso no puede ser de Dios. Déjame te explico mediante la palabra, en tres ejemplos, que una Iglesia debe tener crecimiento. "Alabando a Dios, y teniendo favor con todo el pueblo. Y el

Señor añadía cada día a la iglesia los que habían de ser salvos" (Reina Valera, 1960, Hechos 2:47).

La Biblia te dice que cada día Dios agregaba a su pueblo los que han de ser salvos. Esto fue después del derramamiento del Espíritu Santo. El Espíritu Santo es llamativo, es un mover dentro de nosotros que nos captiva. El Espíritu Santo no es una emoción, como muchos dicen, es una experiencia divina.

Pedro les dijo: Arrepentíos, y bautícese cada uno de vosotros en el nombre de Jesucristo para perdón de los pecados; y recibiréis el don del Espíritu Santo. Porque para vosotros es la promesa, y para vuestros hijos, y para todos los que están lejos; para cuantos el Señor nuestro Dios llamare. Y con otras muchas palabras testificaba y les exhortaba, diciendo: Sed salvos de esta perversa generación. Así que, los que recibieron su palabra fueron bautizados; y se añadieron aquel día como tres mil personas.

(Reina Valera, 1960, Hechos 2:38-41).

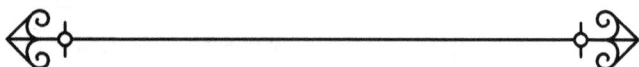

"Y se extendió su fama por toda Siria; y traían a Él todos los que estaban enfermos, afectados con diversas enfermedades y dolores, endemoniados, epilépticos y paralíticos; y El los sanaba" (Reina Valera, 1960, Mateo 4:24-25).

"Y cuando bajó del monte, grandes multitudes le seguían" (Reina Valera, 1960, Mateo 8:1).

"Mas Jesús, sabiéndolo, se retiró de allí. Y muchos le siguieron, y los sanó a todos" (Reina Valera, 1960, Mateo 12:15).

Muchas personas religiosas quizás se ofendan al leer esto, pero Dios no es un dios de estancamiento. Él es un dios de movimiento y crecimiento. Si tu Iglesia no está creciendo, hay un problema grave. Donde hay pasto fresco nunca habrá sequedad espiritual. El pastorado o liderazgo no es un trabajo donde entras a las 8 de la mañana, sales a las 5 de la tarde y lo haces sin pasión para que te recompensen con dinero. Esto es un llamado y, por lo que yo tengo entendido, ¡el llamado lo da Dios! ¡Si estás en una Iglesia, sirve con todo tu corazón a Dios y luego a tu pastor! La carga se le hace liviana a un pastor cuando tú puedes modelar a Cristo. Si haces eso, serás parte de algo poderoso en el reino. Hay gente que dice: "Yo no tengo que obedecer a un hombre". ¿Estás seguro? Mira lo que dice la Biblia. "Obedeced a vuestros pastores, y sujetaos a ellos; porque ellos velan por vuestras almas, como quienes han de dar cuenta; para que lo hagan con alegría, y no quejándose, porque esto no os es provechoso" (Reina Valera, 1960, Hebreos 13:17).

Si el pastorado no fuera importante, ¿entonces por qué Dios estableció los cinco ministerios, entre ellos el pastorado, y luego hace énfasis en este único obedecer? ¡Dios es orden y cuando una persona lo sigue vemos resultados! ¡Sé parte de los resultados y no de los problemas!

Todo llamado es para glorificar a Dios. Ninguna persona es más grande que otra, sino que todos estamos trabajando para un mismo Dios poderoso. Oh, como me encantaría que todos estén ejerciendo la gran comisión: "Ir por todo el mundo y predicar el evangelio a toda creatura" (Reina Valera, 1960, Mateo 16:15). El ejemplo evidente sobre la faz de la tierra es Jesús de Nazaret; era impresionante, pues a donde quiera que Él iba la gente lo seguía. Nota que nuestro maestro no andaba citándole a todo el mundo que Él era el Mesías. Sin embargo, por sus frutos y conducta, las personas pudieron ver en Él a un hombre diferente a los demás.

En una ocasión, en la Biblia, se le acercaron a Pedro y lo acusaron por hablar como Cristo, y fue ahí donde se cumplió la palabra de Cristo y Pedro lo negó. El llamado es importante. El líder debe ser efectivo en todo lo que hace dice. "Todo lo puedo en Cristo que me fortalece" (Reina Valera, 1960, Filipenses 4:13). La clave es "en Cristo".

El libro de Mateo nos habla de la realidad de los llamados: "Muchos son los llamados y pocos son los escogidos" (Reina Valera, 1960, Mateo 22:14). Las personas que se autonombran son peligrosas; hacen esto por falta de identidad. Una persona que necesita sentirse importante es una bomba a punto de explotar. El verdadero líder vive el libro de Gálatas, que nos dice: "Mas el fruto del Espíritu es amor, gozo, paz, paciencia, benignidad, bondad, fe, mansedumbre, templanza..." (Reina Valera, 1960, Gálatas 5:22-23). El fruto del Espíritu Santo es el resultado de la presencia del Espíritu Santo en la vida de un cristiano. La Biblia dice claramente que cada uno recibe al Espíritu Santo en el momento en que cree en Jesucristo (Reina Valera, 1960, Romanos 8:9; 1 Corintios 12:13; Efesios 1:13-14). Uno de los principales propósitos del Espíritu Santo al entrar en la vida de un cristiano es el de cambiar esa vida. Es la obra del Espíritu Santo el conformarnos a la imagen de Cristo, haciéndonos más parecidos a Él.

El llamado dentro de ti debe reflejarse a tu alrededor. Unas de las cosas que yo enseño a la gente es que su testimonio debe hablar por ellos. ¿Nunca te has encontrado con alguien que cuando lo conoces por primera vez te cuenta toda su vida sin tú preguntarle? Estas personas necesitan sentirse validadas para que otras puedan creer en su ministerio o movimiento. El verdadero llamado de Dios viene y la persona no necesita sentirse validada por nadie o aceptada. El que fue llamado por Dios está seguro de su llamado y no necesitaba hablar o sentirse validado; el llamado de Dios es suficiente.

Déjame te cuento mi experiencia personal. Por 15 años mi esposa y yo trabajamos en nuestro ministerio de jóvenes y nos encantó. Éramos pastores de jóvenes y fundamos un ministerio muy exitoso. Le dimos con todo porque fue el llamado que estábamos ejerciendo en ese momento. Me acuerdo de que en el 2012 recibí la primera profecía sobre mis pastorado. En ese momento recibí la palabra, pero dentro de mi corazón no sentí que estaba listo para ejercer el llamado pastoral.

En 2016 comencé a sentir un llamado fuerte de iniciar este llamado pastoral. Comencé a orar y pedirle dirección a Dios sobre cómo prepárame para esto. Honestamente, nadie nunca está listo para esto. Lo difícil de esto fue que mis pastores en ese momento eran mis suegros. Tenía un respeto inmenso por ellos y nosotros los amábamos tanto que no queríamos irnos. Había un sentimiento personal envuelto.

Hacia el final de 2016 estaba traduciendo en un evento de damas y la predicadora del momento comenzó a profetizarme todo lo que yo le hablé en secreto a Dios. En ese momento mi cuerpo se estremeció y comencé a sentir la experiencia de los ríos de aguas vivas. Me acuerdo de que en ese momento me caí al piso y comencé a darle gracias a Dios y a llorar incontrolablemente. Dentro de mí yo decía: "Dios, tú tienes que ser real. Una mujer, a lo lejos, que nunca había visto en mi vida me acaba de hablar de todo lo que en secreto hablé con papá". Me acuerdo de que en ese momento estaba viviendo: "Todo lo que confesares en secreto con el padre te lo recompensará en público" (Reina Valera, 1960, Mateo 6:6). Tenía que aceptar en ese momento que lo que estaba sintiendo era el Espíritu Santo, alertándome que era tiempo. Lo impresionante de esto es que, cuando la palabra se nos dio, fue una confirmación para nuestros pastores.

Tomamos un año sabático para orar y preparar nuestra salida. Después de tanta oración inmensa, Dios nos dio un nombre. En 2018 nació la Iglesia Ancla De Vida en la ciudad de San Antonio, Texas. Hoy te puedo decir que hemos visto la mano de Dios en nuestro ministerio. Soy testigo de que cuando Dios llama, Él respalda.

Finalmente, nuestro plan en el evangelio tiene que ser el vivir nuestra vida como Cristo. Pablo dijo: "El vivir para mí es Cristo". Es nuestra meta vivir como Cristo. Cuando declaramos tal cosa, entendemos que los cambios de Dios en nosotros son necesarios. ¿Sabías que todo lo que se posiciona en primer lugar en nuestra vida es un ídolo? Dios tiene que ser número uno sobre todas las cosas. El llamado sólo lo da Dios, no el hombre. Un pastor amigo mío, Juan Padilla, dice: "No busco ser famoso, quiero ser efectivo". El llamado de Dios debe darte un hambre de ser más como Cristo y menos como tú.

CAPÍTULO 2

SOY HIJO

...y habéis ya olvidado la exhortación que como a hijos se os dirige, diciendo: Hijo mío, no menosprecies la disciplina del Señor, Ni desmayes cuando eres reprendido por él; Porque el Señor al que ama, disciplina, Y azota a todo el que recibe por hijo. Si soportáis la disciplina, Dios os trata como a hijos; porque ¿qué hijo es aquel a quien el padre no disciplina? Pero si se os deja sin disciplina, de la cual todos han sido participantes, entonces sois bastardos, y no hijos.

(Reina Valera, 1960, Hebreos 12:5-8).

Este tema es muy poderoso y muchos lo conocen como la famosa paternidad. Muchas personas han distorsionado este concepto y lo han adaptado en ministerios para tomar ventaja sobre la gente. Ser hijo no es ser un esclavo, sino ser un fiel seguidor de Cristo. Ahora quiero que tomen en cuenta algo: al que sirve a Cristo de todo corazón se le hace fácil servir a su líder o pastor.

El libro de Hebreos nos da una concentracion sobre por que debemos ser hijos. Hay una diferencia entre un hijo y un simple miembro. Un miembro no tiene compromiso; estas personas entran y salen de la Iglesia. Así como entran, así se van. No hay una entrega seria. Es importante entender que hay personas de temporada. ¿Qué es esto? Esto es cuando las personas entran a una Iglesia en crisis. Nunca falta que digan: "Dios me envió a esta Iglesia". Pasa el tiempo donde todo Dios lo acomoda y luego se van porque Dios volvió a hablarles. Otras cosas son más llamativas para ellos que su relación con Dios. Un hijo no se ofende fácilmente. El hijo se puede enojar, pero siempre tendrá respeto y sometimiento a su pastor.

"Porque todos los que son guiados por el Espíritu de Dios, los tales son hijos de Dios" (Reina Valera, 1960, Romanos 8:14).

"El Espíritu mismo da testimonio a nuestro espíritu de que somos hijos de Dios" (Reina Valera, 1960, Romanos 8:16).

La persona que es líder dentro de una Iglesia debe de vivir y reflejar primeramente a Cristo y luego la visión de casa. Un hijo espiritual es una persona completamente entregada al servicio de Dios. ¿Qué es el servicio de Dios?

- Servir sin esperar nada cambio.

- Servir con un corazón alegre.

- Servir con amor.

- Servir para agradar a Dios.

Observa lo que dice Pablo a continuación a su hijo espiritual.

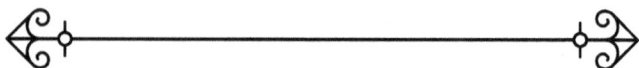

No escribo esto para avergonzaros, sino para amonestaros como a hijos míos amados. Porque aunque tengáis diez mil años en Cristo, no tendréis muchos padres; pues en Cristo Jesús yo os engendré por medio del evangelio. Por tanto, os ruego que me imitéis. Por esto mismo os he enviado a Timoteo, que es mi hijo amado y fiel en el Señor, el cual os recordará mi proceder en Cristo, de la manera que enseño en todas partes y en todas las iglesias.

(Reina Valera, 1960, 1 Corintios 4:14-17).

Muchos no creen en hijos espirituales. Claramente, la Biblia nos enseña que Pablo tenía a Timoteo como hijo en la fe. Es obvio lo que estamos leyendo. Ahora, yo encuentro muy raro cuando te obligan a llamarles "papi" o "mami". Ahí yo creo que cruzan una línea de respeto.

"Por tanto, os ruego que me imitéis" (Reina Valera, 1960, 1 Corintios 4:16).

Los maestros griegos, al igual que los rabinos de aquel tiempo, siempre instaban a sus discípulos a imitar su conducta y prácticas. Jesús mismo, como maestro rabino, nos enseña este principio cuando le dice a sus discípulos: "Aprended de mí que soy manso y humilde de corazón y hallaréis descanso para vuestras almas" (Reina Valera, 1960, Mateo 11:9). En griego, este hecho de imitar se conocía como *"mimetes"*, que significaba copiar o imitar como un actor. El apóstol tenía como intención apuntar a un estilo de vida en Cristo e instar a los demás a ser imitadores de él, así como él lo era de su Señor. "Sed imitadores de mí, así como yo de Cristo" (Reina Valera, 1960, 1 Corintios 11:1).

El hijo espiritual comprende que el modelo a seguir es Cristo, pero que Él ha establecido hombres que modelan la vida del señor Jesús y que sirven como inspiración de servicio y dedicación a Dios. Pablo declara: "Lo que también habéis aprendido y recibido y oído y visto en mí, esto practicad, y el Dios de paz estará con vosotros filipenses" (Reina Valera, 1960, Filipenses

4:9). Lo que ha sido efectivo en otros, el Señor, a través del apóstol, nos comunica que podemos imitarlo porque será de bendición para nuestra vida en Cristo. Además, Pablo afirmó que esto es aprobado por Dios. Esto nos indica que lo que muchos hablan por ahí de que no siguen hombres, muchas veces, lo han llevado fuera de su contexto y lo utilizan como excusa, sólo con la intención de vivir en un estado de rebeldía y fuera de una paternidad espiritual.

El hijo espiritual reconoce que el ejemplo a seguir viene por la obediencia a Cristo y a la palabra recibida por nuestros maestros, mentores y padres espirituales. "Acordaos de vuestros guías que os hablaron la palabra de Dios, y considerando el resultado de su conducta, imitad su fe" (Reina Valera, 1960, Hebreos 13:7). De igual manera, somos motivados a seguir la conducta de fe que los padres espirituales influencian en nosotros. Es importante en la vida del creyente comprender esto porque nuestras acciones como creyentes influencian la fe, el pensamiento, la conducta y la vida que otros pueden tener en Cristo.

Unos meses atrás, yo y mi esposa, hablando sobre el aceleramiento de nuestro ministerio y cómo manejar ciertas cosas, impresionantemente, nos vimos en necesidad de alguien en ese momento que sabía más que nosotros en este asunto. Yo veo a los padres espirituales como mentores en el camino para ayudarnos a madurar. Entiende esto: ¡tú no lo sabes todo!

Siempre habrá alguien que sabe más que tú, hace algo mejor que tú o se expresa mejor que tú. Nunca te sientas menor que nadie, sino como una unidad para crecer en esa tarea en tu vida. Pablo revela el corazón de un verdadero padre que muestra el corazón de Dios.

He aquí, esta es la tercera vez que estoy preparado para ir a vosotros, y no os seré una carga, pues no busco lo que es vuestro, sino a vosotros; porque los hijos no tienen la responsabilidad de atesorar para sus padres, sino los padres para sus hijos.

(Reina Valera, 1960, 2 Corintios 12:14).

La versión la Biblia del pueblo lee: " Porque lo que yo busco no son sus bienes, sino a ustedes mismos…".

El corazón de un padre debe mostrar un profundo sentir de que sus hijos espirituales avancen en la vida y en Cristo. Este padre no busca su propio beneficio y mucho menos aprovecharse de los que tiene bajo su cuidado. El hijo que comprende lo que un padre espiritual representa en su vida entiende que su corazón siempre está direccionado a promover el bienestar espiritual en sus hijos, porque ese es el corazón del Padre Celestial. "Amado, yo deseo que tú seas prosperado en todas las cosas, y que tengas salud, así como prospera tu alma" (Reina Valera, 1960, 3 Juan 1:2).

Un buen padre espiritual celebra los logros y el crecimiento de sus hijos y hermanos en la fe. El hijo que, de igual manera, entiende su identidad en Cristo reconoce y acepta que el padre espiritual, al igual que Dios, anhela su crecimiento.

"…sino que hablando la verdad en amor, crezcamos en todo [los aspectos] en aquel que es la cabeza, esto es, Cristo [desea ver la madurez de los hijos en Cristo] (Reina Valera, 1960, Efesios 4:15).

Dios anhela nuestro crecimiento y también nuestros pastores. Yo veo a un padre espiritual como un mentor. Donde se pone peligroso el asunto es cuando remplazamos a Dios por un padre espiritual. Hoy da mucha vergüenza que hay gente que obedece más al padre espiritual que a Dios. El orden de Dios nunca cambiará. Dios siempre será primero. Si un padre espiritual te habla de esto, corre de ese enlace:

- Tienes que hacer lo que yo te digo.

- Primero yo y luego tú.

- Sírveme a mí, olvídate de lo demás.

- Mi palabra es igual que la Biblia.

Este tipo de persona no está interesada en ayudarte crecer, sino que está más interesada en lo que tú le puedes dar para su beneficio propio. El día que tú no le puedas ofrecer nada ya no serás importante para él. Observa lo que nos enseñó el hombre más importante que caminó sobre la faz de la Tierra: "Como el Hijo del Hombre no vino para ser servido, sino para servir, y para dar su vida en rescate por muchos" (Reina Valera, 1960, Mateo 20:28).

Un buen líder nunca te va a dejar sentir que todo el mundo da vuelta alrededor de él. El buen líder invierte tiempo en ti para tu crecimiento. Hay un dicho que dice: "si el alumno sale mejor que el maestro, entonces tuvo un maestro excelente". Sobre todas las cosas, el padre espiritual te debe de empujar para ver el propósito de Dios en ti.

CAPÍTULO 3

$\int$OY EJEMPLO

"Para esto fueron llamados, porque Cristo sufrió por ustedes, dándoles ejemplo para que sigan sus pasos" (Reina Valera, 1960, 1 Pedro 2:21).

Toda persona que aspira a algo mayor en la vida siempre debe de tener en cuenta que también debe ser el reflejo de Cristo aquí en la Tierra. La Biblia nos dice que nosotros somos embajadores de Cristo aquí en la Tierra (Reina Valera, 1960, 2 Corintios 5:20). Por mucho tiempo hemos vivido días donde muchas personas dentro de la Iglesia se creen tan espirituales que no tienen que aplicar nada de la Biblia. Estas personas sirven bien en la Iglesia, pero no saben cómo hablar o expresarse con los demás. En una conversación que tuvimos mi esposa y yo, ella usó un ejemplo impresionante: "Este tipo de personas son como un cáncer dentro de la Iglesia; poco a poco están haciendo daño en el cuerpo ministerial. Y como son 'líderes', las personas creen que no deben de hablar con el pastor para corregir el comportamiento negativo. Y ese comportamiento sigue y la gente se aleja de la Iglesia". Lamentablemente, los pastores son los últimos en saber qué es lo que se está moviendo. Este tipo de personas necesita aplicar la herramienta del espejo.

La Biblia nos habla de algo interesante: antes de juzgar a alguien asegúrate de que tu vida sea ejemplar (Reina Valera, 1960, Mateo 7:3). En la Biblia hay un sinnúmero de ejemplos donde Cristo establece su gracia y favor. Un verdadero líder refleja a Jesús sin tener la necesidad de hablar; la conducta de la persona habla por sí misma. ¿Nunca has conocido a una persona que no debe estar en una posición de liderazgo? ¿Qué hacemos cuando no tenemos ni siquiera el derecho de opinar, pero estás más que seguro que un individuo no pertenece a un llamado? Imagínate ir a ver un doctor por un dolor que tienes; uno va con el fin de que el profesional le dé las respuestas que va buscando. Sería algo absurdo que el doctor no te pusiera atención y te cobrara una consulta sin un diagnóstico.

Yo pastoreo una Iglesia hermosa en la ciudad de San Antonio, Texas. En el transcurso de mis años ministeriales he podido ver y conocer personas dedicadas a Dios, así como gente que se siente con derechos sobre los demás, personas arrogantes, y mucho menos identidad. He cometido errores al poner gente en mi equipo de liderazgo antes de tiempo y desarrollan un desastre en la Iglesia. Uno, como pastor, se siente mal, pero algo que yo he aprendido es aprender de mis errores. Un líder debe contar con 5 simples características:

- Amor.

- Responsabilidad.

- Compromiso.

- Capacidad de aprender.

- Humildad.

Estas características llevan a que un buen líder desarrolle un llamado efectivo en el ministerio. ¿Sabías que teniendo las llaves correctas se abren las puertas correctas?

Una vez, un hombre encargado de limpieza escolar estaba limpiando, como todos los días. El hombre se llamaba Thomas. Thomas tenía dos juegos de llaves diferente. Tenía llaves para todos los salones y en otro juego separado tenía llaves para equipo industrial combustible. Para su sorpresa, algo estaba sucediendo en unos de los cuartos y él podía escuchar algo quemándose. Lamentablemente, a Thomas se le olvidaron las llaves de los cuartos con equipo industrial. En menos de 10 minutos toda la escuela estaba prendida en llamas. Llegaron los bomberos y todo el equipo de emergencia para toparse con que todo el incendio se pudo prevenir si tan sólo Thomas tuviera las llaves correctas para sacudir una válvula de presión que estaba llena.

"Si te digo, permiteme explicar algo poderoso" (Reina Valera, 1960, 1 Corintios 11:1). El líder dentro de una Iglesia no sólo debe modelar a Cristo, sino a su pastor. Pablo en una ocasión habló con Timoteo y le dijo: "Imíteme a mí, como yo imito a Cristo". El máximo líder dentro de un ministerio es el pastor.

Entiendo que hay muchos charlatanes ejerciendo el pastorado sin tener llamado y mucho menos el temor de Dios. Es un caso súper triste.

En una ocasión una mujer corrió a un pastor y le dijo: "¡Pastor, me voy de la Iglesia!". El pastor la miró asombrado y le preguntó el porqué. Ella exclamó: "Porque esta Iglesia está llena de hipócritas". El pastor se dirigió a ella y le dijo: "Hermana, antes de irte quiero que me hagas un favor. Llena un vaso de agua hasta arriba y cuando hayas hecho eso quiero que durante el servicio camines alrededor del santuario sin que una gota de agua se desperdicie". La mujer le dijo: "Fácil". Durante el servicio ella caminó, pero muy enfocada en que ni una gota de agua se desperdiciara. Después de las 3 vueltas llegó al pastor y le dijo: "Pastor, ya terminé". El pastor se dirigió hacia ella y le dijo: "Hermana, ¿por casualidad usted no se fijó en la hermana Eva, que tenía un vestido azul?, ¿o el hermano Carlos, que traía una gorra?". Impresionantemente, ella respondió y dijo: "Pastor, no pude enfocarme en los demás porque estaba concentrada en el vaso". El pastor le contestó: "Hermana, si así de enfocada estuvieras en tu vida espiritual, no te darías cuenta de todas las faltas de los demás".

En la vida del creyente debe de haber un temor por siempre agradar a Dios y no al hombre. Tristemente, hoy le comentaba a mi esposa que muchas personas se han dañado en el camino. La única manera en que una persona se puede desalinear del propósito de Dios es descuidando su relación con Él. Antes de cometer un error piensa: ¿esto le agrada a Dios? ¿Qué beneficio tiene esta decisión para mi vida? Hay tantas cosas que podemos hablar, pero lo importante es esto: sé el ejemplo que quieres ver en los demás.

CAPÍTULO 4

DOY MI SERVICIO GENUINO

"Como el Hijo del Hombre no vino para ser servido, sino para servir, y para dar su vida en rescate por muchos" (Reina Valera, 1960, Mateo 20:28).

Me llama la atención algo que para mí no tiene sentido: la gente quiere servir para que todos los vean; necesitan que los alaben y los eleven a los cielos. Casi se quieren llamar querubines. Jesús nos enseña un gran ejemplo en la Biblia, pues explica que Él no vino a ser servido, sino a servir (Reina Valera, 1960, Mateo 20:28). Dentro de cada gran líder tiene que haber un amor por servir a los demás. El anhelo de todo buen líder es ver que los demás prosperen. El líder de Dios siempre quiere ver a los demás acelerar en Dios. Todo lo que hacemos hay que hacerlo con gozo porque Dios se glorifica. A las personas que sólo les importan sus vidas y no las de los demás se arriesgan a dañar su corazón y crear un corazón altivo.

Algo interesante de las impresas grandes y establecidas es que todos comienzan desde la etapa número uno. Es importante que el empleado entienda que hay una sola meta: hacer todo lo correcto para que la empresa crezca adecuadamente. El empleado en la primera etapa, para llegar a la segunda, tiene que hacer todo bien anteriormente. Si alguien promueve a una persona antes de tiempo, crea una persona inmadura. Es algo sobresaliente observar a una persona que sirve con todo el corazón; se nota la pasión de una persona servidora.

Te cuento una historia. Ana era una enfermera encargada de cuidar viejitos. Ana estaba encargada de una paciente con diabetes. Esta mujer necesitaba inyectarse insulina 3 veces al día y Ana estaba encargada de eso. Un día a la paciente se le acabaron las agujas para la insulina. Ana, de pronto, fue a la tienda médica y no logró encontrar nada para la paciente. Al salir, vio a un hombre con cajas de agujas. Ana lo vio, se le acercó y le ofreció comprar algunas.

El hombre la miró y la insultó. Ana, con dolor, se fue nuevamente para la casa de la paciente. Cuando Ana llegó, para su sorpresa, se encontró con el hombre de la tienda. ¡Resulta que él estaba comprando agujas para su necesidad, mientras que a Ana le importaba la salud de su paciente! El hombre se quedó asombrado por el servicio de Ana y aprendió una realidad en servir a los demás antes de ti.

Ahora, hay poca gente como Ana. Lo impresionante es que a veces los del mundo son más entregados a un servicio de ayuda que los mismos cristianos.

Me llama la atención algo poderoso, un hombre llamado Pablo. Es unos de los discípulos más sobresalientes en la Biblia. Digo esto con respeto porque fue el único discípulo que no caminó con Cristo, pero hizo más que los demás discípulos ¡Cuando tengamos más personas en la Iglesia que le procuren más a los demás antes que a ellas tendremos un ministerio poderoso! Podrás decir, pastor, es incorrecto lo que dices. ¿Qué pasa cuando una persona no quiere cambiar? Siempre habrá gente que te hará la guerra, pero nunca cambies por el trato de los demás. ¡Acuérdate siempre de modelar a Cristo en todo!

La Biblia relata una historia fascinante. Una mujer se le presentó a Jesús y dice la escritura que ella ungió a Jesús con un perfume muy valioso. El acto de usar tal perfume tan valioso para muchos no le importó en el momento porque lo más importante era servir al maestro. Jesús se asombró del servicio de ella porque enjugó sus pies no sólo con perfume, sino también con sus lágrimas. El servicio genuino no todos lo pueden dar.

Conozco una mujer de Guam, Ms. Pat, que convivió en la iglesia pentecostal donde me congregaba con anterioridad al pastorado. Déjeme decirte que el servicio de esta mujer era tan puro que yo honestamente podía ver el amor de Dios en todo lo que esta mujer hacía. ¡Su servicio por la obra de Dios era oro! Yo a veces me preguntaba si esa mujer era perfecta. Yo no le encontraba nada malo. Nunca se me olvidará su sonrisa y amor por las cosas de Dios. Ms. Pat es un gran ejemplo para seguir. Su servicio es contagioso y los más chistoso era que cuando estabas alrededor de ella y no estabas haciendo nada, nomás de verla trabajar te daban ganas de trabajar porque era el amor que ella disponía al servir a Dios con un corazón puro. El libro de Colosenses dice lo siguiente: "Y todo lo que hagáis, hacedlo de corazón, como para el Señor, y no para los hombres, sabiendo que del Señor recibiréis la recompensa de la herencia, porque a Cristo el Señor servís" (Reina Valera, 1960, Colosenses 3:23-24).

Nuestro servicio siempre será para nuestro gran Dios. Cuando aprendamos a servir a Dios de corazón, entonces entenderemos el poder del servicio a los demás. Cuando sirves a los demás, esto se convierte en un arte. Por lo que yo tengo entendido, cuando una persona estudia un arte lo hace porque le fascina lo que hace. ¡Nos debe fascinar servir a Dios y a través del servicio a Dios despertará el anhelo para que todos sirvamos a Dios vivo!

Algo interesante de la Biblia es que nos dice que cuando Dios vengan por su pueblo estaremos en el cielo con el maestro aquellos que por su gracia creímos en Él. Lo impresionante de este suceso es que la Biblia registra que es Cristo el que va a servir nuestra mesa. Qué poderoso ejemplo nos enseña nuestro maestro aquí. No hay necesidad de que el Rey de Reyes nos sirva, pero Él dice que Él va a servirnos. Ahora, quiero que tomes unos segundos, cierres tus ojos y te transportes al cielo, a este gran suceso. ¿A quién quieres conocer cuando estés en el cielo? Dice la Biblia que Cristo nos servirá y sé que Él lo hará con gozo. El verdadero amor de Dios nos empuja a servir a los demás.

¿Sabes algo interesante? La Biblia dice que estaremos adorando a Dios todos los días en la eternidad. Si eso es así, ¿entonces no crees que debemos de estar practicando aquí?

Vamos a hacer una pausa aquí. Un adorador no tiene nada que ver con un título, pero tiene todo que ver con un servidor. Si leemos bien el libro de Juan donde se habla del verdadero adorador (Reina Valera, 1960, Juan 4:23), se nos implica algo súper interesante, y es que la palabra no se estaba refiriendo a un título o ministerio sino a un servidor con el corazón del padre. Entonces literalmente lo que él versículo nos está narrando es que Él está buscando un verdadero servidor que pueda vivir por el padre, cueste lo que cueste. ¡Ojo con los que dicen que se vallan todos, que me dejen todos! ¿Esa gente está verdaderamente segura de lo que están diciendo? Para hacer esas declaraciones tienen que estar bien seguros de que están caminando con Dios, porque, si no, la humanidad les gana y culpan a Dios por su inconsistencia. La triste realidad es que tenemos mucha gente jugando con las cosas de Dios, pero la Biblia dice: "Dios no puede ser burlado" (Reina Valera, 1960, Gálatas 6:7). Cuidado con lo que anuncias en público si no tienes horas con Dios en secreto. Mira lo que la Biblia nos dice:

Y cuando oréis, no seáis como los hipó-critas; porque a ellos les gusta ponerse en pie y orar en las sinagogas y en las esquinas de las calles, para ser vistos por los hombres. En verdad os digo que ya han recibido su recompensa. Pero tú, cuando ores, entra en tu aposento, y cuando hayas cerrado la puerta, ora a tu Padre que está en secreto, y tu Padre, que ve en lo secreto, te recompensará.

(Reina Valera, 1960, Mateo 6:5-6).

¡Les comparto que un verdadero servidor vive lo que predica! Hablé en cierta ocasión sobre la oración con algunos de nuestros líderes. Una vez leí un libro sobre el ayuno y la oración. El autor narra algo impresionante que me impactó de una manera poderosa. Él dice que el cristiano que no ora de 7 a 8 horas a la semana no es digno de ser llamado cristiano. Mi servicio debe de estar respaldado por una vida de oración. Un verdadero líder debe llevar una vida de oración. Muchos dirán: "la vida me ha dado duro", "la vida no me ha tratado bien" o "Dios se ha olvidado de mí". Observen lo que la Biblia nos enseña: "Por nada estéis afanosos, sino sean conocidas vuestras peticiones delante de Dios en toda oración y ruego, con acción de gracias. Y la paz de Dios, que sobrepasa todo entendimiento, guardará vuestros corazones y vuestros pensamientos en Cristo Jesús" (Reina Valera, 1960, Filipenses 4:6-7).

¡Esto está poderoso! Si tu vida de oración es saludable, entonces nada de lo que la vida te tiré te afectará.

Te cuento algo personal. En mi pasado tuve la experiencia de vivir momentos muy difíciles, y si no me hubiese cimentado en Dios no sé dónde estaría hoy. Aquello era una batalla financiera. Puedo decir que son unas de las batallas fuertes porque la gente no sabe confiar y depender de Él. Pasaron 2 cosas. 1. Traté de negociar los diezmos con Dios con el fin de que Él me entendiera. ¿Qué sucedió? A la siguiente semana se me descompuso el carro y el "dinero" que supuestamente necesitaba para otras cosas tenía que gastarlo de todas maneras. En ese momento me enojé con Dios y le eché la culpa de que no tenía dinero, pero entendí que a Dios no se le sirve por lo que Él me pueda dar, sino por lo bueno que Él es para mí. 2. Pasó un tiempo y decidí retarme a mí mismo, darle a Dios lo que le pertenece y confiar en que Él se encargará de todo lo demás. ¿Sabes lo poderoso que es eso? Experimenté algo extravagante. Y es que cuando uno depende totalmente de Dios se puede tener 1 dólar en el banco, pero sentirse como un millonario. Te dejo con esto: quizás Dios no te ha dado lo que tú quieres, pero gracias a Él, que te ha dado todo lo que tú necesitas. El servidor confía plenamente en el Dios de lo imposible.

CAPÍTULO 5

MI IDENTIDAD

Con Cristo estoy juntamente crucificado, y ya no vivo yo, mas vive Cristo en mí; y lo que ahora vivo en la carne, lo vivo en la fe del Hijo de Dios, el cual me amó y se entregó a sí mismo por mí.

(Reina Valera, 1960, Gálatas 2:20).

La identidad de un cristiano maduro es importante. ¿Sabías que a Dios no se le conoce por lo que han dicho los demás? A Dios se le conoce por experiencia propia. ¡Cuando uno tiene una experiencia con el Señor, Él se encargará de moldear nuestro carácter y nuestra identidad comienza!

En la Biblia hay una historia fascinante. La historia de Job muchos la conocen. No fue hasta que Job perdió todo y pasó por un desierto que realmente tuvo un encuentro genuino con Dios. Job expresa: "De oídas te había oído, pero ahora mis ojos te ven" (Reina Valera, 1960, Job 42:5). La identidad de Job es relatada cuando experimento a Dios a través de esta experiencia.

El verdadero líder tiene que estar dispuesto a perder para ganar. ¿A quién le gusta perder cosas o personas que uno ama? Es algo ilógico. En este camino, lamentablemente, seremos probados como el oro cuando seguimos a Cristo. Podemos decir lo siguiente: para realmente conocer a Dios tienes que aprender a perder. Aproximadamente, hace como 10 años me acuerdo de que estaba la era de los predicadores pentecostales que se la pasaban gritando cuando predicaban. Pues yo era un predicador súper joven y veía cómo la iglesia se llenaba de gente emocional. Lo increíble era que mientras más gritaba el predicador, más se emocionaba la gente. Traté de copiarme el estilo, pero Dios me corrigió muy pronto. No tenía identidad. Quería lo fácil sin pagar el precio de un llamado. Esto no se trata de ser como alguien más, predicar como alguien más y mucho menos imitar estilos de alguien más. Pablo dijo en una ocasión: "Ser imitadores de mí como yo soy de Cristo" (Reina Valera, 1960, 1 Corintios 11:1).

Somos amados cuando nosotros nos proponemos el buscar a Dios de verdad y nuestra identidad nace. Identidad es tener algo genuino que te identifica como hijo e hija de Dios. Lo que yo más amo es que Dios mismo se encargará de darte una identidad genuina. Dios es tan perfecto que Él no tiene necesidad de clonarte porque es suficientemente poderoso y único como para estar duplicando caracteres e identidades de la gente. Imagínate si todos fuéramos iguales. Qué mundo más aburrido tendríamos, ¿no? Pero Dios es un experto creando y llenándonos con su favor.

Ahora, note algo interesante: cuando Dios nos crea, en Génesis, dice la Biblia que con sólo hablar sucedían las cosas. Pero cuando a Él le toca crearnos dice la escritura que se toma su tiempo y con sus manos nos crea a su imagen y semejanza. Nos da entender que somos importante para Él. ¡No somos cualquier cosa!, ¡somos linaje escogido por Él!

Una historia que me encanta se encuentra en el libro de Jeremías y es una historia conocida. En esta visión Jeremías es llevado a la casa del alfarero. En esto, él observa que el alfarero está trabajando un barro. El barro se rompe en las manos del alfarero, pero así como se rompe con los mismos pedazos, vuelve a hacerlo. Esto es semejante al alfarero (Dios) trabajando en nuestras vidas y dándonos identidad como hijos de Él.

¿Cómo es posible que Dios nos muestre cosas de nosotros si no podemos hablar con Él? Es importante que hablemos con Él todos los días. Unos de los ejemplos que yo uso es el siguiente. La gente piensa en Dios como un supermercado; están pide y pide. Llenan un carro completo de todo de lo que piden, pero a la hora de pagar no quieren hacerlo. ¿Entonces dónde está el problema? Las Iglesias de hoy están llenan de gente malamañosas, gente completamente sin identidad. Uno de los síntomas de una persona sin identidad es que se ofende fácilmente. A este tipo de persona no se le puede decir nada y mucho menos corregirla. Estas personas han estado en diferentes congregaciones por toda la ciudad;

nunca establecieron fundamentos. Los más terrible es que confiesan que todas las Iglesias y pastores están mal, pero ellos nunca tienen culpa de sus inconsistencias. La falta de identidad te lleva cometer graves errores y dañar a los demás.

En una empresa reconocida, un hombre aplicó a un trabajo. El currículum del hombre explicaba cómo él parecía el candidato perfecto para el trabajo. Al mayordomo de la empresa le pareció excelente lo que vio en papel y el hombre se presentó muy bien. Sin hacer preguntas aceptaron su aplicación. El hombre estaba a cargo de diseñar pipas para mover toneladas de aceite crudo. El hombre tenía que mover más de 30 pipas por hora para lograr la producción del día. A la semana el hombre tenía que tener 1200 pipas movidas para producción. El viernes, el mayordomo se acerca para ver cómo estaba la producción. Se llevó la gran sorpresa de que el empleado solamente movió 750 pipas, costándole a la compañía casi 2.3 millones de dólares por falta de producción. Cuando el mayordomo investigó al empleado, se dio cuenta de que anteriormente el hombre era cocinero en un lugar de hamburguesas y que nunca tuvo experiencia en el petróleo. ¿Por qué digo esto? Simple, porque hay muchas personas dentro de un ministerio que parecen que son, pero no son. Muchos pastores tienen personas en su equipo de liderazgo sin identidad. Estas personas se encargarán de asustar a los miembros de la Iglesia con sus actitudes negativas en vez de bendecir, servir y mostrar a Cristo en nuestras vidas.

Una vez, en el transcurso del ministerio, tenía a unas personas en posición de liderazgo porque creí que eran suficientemente fuertes para ejercer el oficio ordenado. Les hablé de la visión de la casa y lo que quería ver en el oficio. En meses, estas personas entregaron sus posiciones porque la vida de los demás en la Iglesia los estaba afectando. La pregunta es: ¿estaban verdaderamente listos? Yo, como predicador del evangelio, siempre he dicho: si las personas se van de la Iglesia por otros, entonces nunca entraron por Cristo. Nada ni nadie debe moverte de tu posición en Cristo. Qué fuerte es vivir para Cristo. Muchos dicen: "Cueste lo que cueste, yo sigo a Cristo". Pero lo más chistoso es que en el momento de la prueba se apartan de la voluntad de Dios.

Jehová es mi pastor; nada me faltará. En lugares de delicados pastos me hará descansar; Junto a aguas de reposo me pastoreará. Confortará mi alma; Me guiará por sendas de justicia por amor de su nombre. Aunque ande en valle de sombra de muerte, No temeré mal alguno, porque tú estarás conmigo; Tu vara y tu cayado me infundirán aliento.

(Reina Valera, 1960, Salmos 23:1-4).

Me encanta el rey David. David era un hombre que le fallaba a Dios, pero dice la Biblia que tenía el corazón conforme al de Dios. La razón porque David pudo estar cerca del corazón de Dios es porque siempre supo cómo reconocer que necesitaba a Dios para seguir hacia adelante. El Salmo 23 casi todo el mundo lo lee, pero pocos lo entenderán. David estaba pasando algo fuerte aquí. El capítulo comienza con una declaración fuerte: "Jehová es mi pastor y nada me faltará".

Su identidad era Dios. En otras palabras, estaba diciendo: no importa qué pueda estar pasando, yo confío en Dios. Luego dice en el versículo 4 algo impresionante: "Aunque ande en valle de sombra de muerte, no temeré". Porque Jehová es mi pastor, mi protector, mi Dios, mi papá, en fin, ¡mi todo! La identidad en Cristo es decir: si lo tengo a Él, lo tengo todo y nada me faltará.

La identidad de un cristiano siempre se ha medido en tiempos de dificultad. La Biblia dice: "En el mundo tendréis aflicción, pero no temas porque yo he vencido el mundo" (Reina Valera, 1960, Juan 16:33). Lo que mucha gente no entiende es que Dios nunca nos prometió una vida perfecta, ¡pero sí nos promete estar con nosotros! (Reina Valera, 1960, 1 Pedro 1:7).

La Biblia dice que como el oro somos probados. Ahora nota esto: el oro se prueba en el fuego. En el libro de Jeremías, capítulo 18, hay una historia impresionante del alfarero. Algo sucede aquí: Jeremías observa el alfarero trabajando en barro en la rueda. Dice la Biblia que el barro se le echó a perder en las manos de él. Pero cuando el barro se le hecha perder, él lo vuelve hacer según la perfección que conocía. Esto nos indica que, si nosotros estamos en las manos de Dios, llegarán momentos donde nos vamos a quebrantar, pero, si estamos en las manos de Él, estamos seguros porque Él nos vuelve a hacer según su identidad.

Hay cinco etapas de una identidad en este capítulo:

1. Formación.

2. Concentración y rompimiento.

3. Reformación.

4. El horno.

5. La exhibición.

En la etapa de la formación es cuando comienzas a perder amistades y gente infiel. Aquí te daras cuenta que todas las personas que un dia dijieron "estoy contigo" comenzaran a revelar otra cosa en tu vida. Es aquí donde las decisiones en tu vida tienen que ser reales. Debes preguntarte: ¿me conviene esta relación?

En la próxima etapa es donde todo lo impuro es removido. Aquí te sentirás solo; aquí no hay nadie con quien puedas hablar. Esta es una etapa donde solamente están tú y Dios. Déjame decirte que es aquí también donde el silencio de Dios existe y es necesario. Te preguntarás muchas veces "dónde estás". Aquí es donde la identidad en Cristo comienza a formarte.

En la etapa 3, ya que fuiste quebrado, lo más hermoso comienza a suceder: la reformación. Aquí Dios comienza a hacerte como Él quiere hacerte. El propósito de Dios en ti es revelado y ves con claridad que eran necesarias las etapas del pasado. Dios es intencional y Él no va a dejar que nosotros brinquemos ninguna etapa de la vida.

La etapa 4 es la más fuerte. Esta etapa es donde Dios te mete al fuego. Él te prueba como al oro. Aquí es donde la resistencia tiene que ser más fuerte que tus deseos carnales. Pelearás con tu carne hasta vencer lo que te vencía antes. Te hará más fuerte. Experimentarás la purificación y te separará de todo lo que esté fuera del propósito de Dios en tu vida. Ahora tú solamente decides cuánto tiempo vas a estar en el horno. Me preguntas: ¿pastor, cómo sé que estoy listo para las últimas etapas? Simple: ¡cuando puedas vencer lo que te vencía antes y te dé asco la vida pecaminosa!

A la última etapa es bien difícil llegar, pero no imposible. Esta es la etapa de la exhibición. Es donde recoges el fruto de tu llamado y caminas en el propósito de Dios. Muy pocas personas llegan por falta de identidad en Cristo o falta de compromiso. Para ver a Dios obrar tienes que tener compromiso; sin eso es imposible imitar a Cristo y modelar los frutos del espíritu.

CAPÍTULO 6

LO QUE
DEBO PRACTICAR

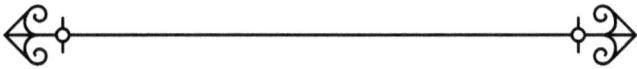

Así que, después que les hubo lavado los pies, tomó su manto, volvió a la mesa, y les dijo: ¿Sabéis lo que os he hecho? Vosotros me llamáis Maestro, y Señor; y decís bien, porque lo soy. Pues si yo, el Señor y el Maestro, he lavado vuestros pies, vosotros también debéis lavaros los pies los unos a los otros.

(Reina Valera, 1960, Juan 13:12-14).

La Biblia nos enseña algo poderoso: muchas personas quieren vivir y hacer lo que ellos piensan que está bien. Hay una escritura muy poderosa que dice: "Todo me es lícito, pero no todo conviene; todo me es lícito, pero no todo edifica. Ninguno busque su propio bien, sino el del otro" (Reina Valera, 1960, 1 Corintios 23-24). Qué fuerte es entender esto. La escritura describe que debemos amar al prójimo más que a nosotros mismo. Impresionantemente, dice que hay que buscar el beneficio de los demás antes que los propios. Ahora bien, esto suena un poco rudo o fuera de lugar, pero cuando hemos experimentado el amor de Dios de verdad nunca nos preocuparemos de nosotros, sino de la gente alrededor que necesita más. Hay un dicho que yo siempre digo: "Estoy agradecido, tal vez no estoy donde quiero estar, pero gracias a Dios que no estoy donde estaba antes". Siempre lo recuerdo cuando tal vez tengo dudas del amor de Dios.

Unas semanas atrás, leyendo y preparándome para una prédica en un campamento de jóvenes, Dios me habló y me dijo: "Toda temporada tiene una voz diferente, pero sola la voz mía permanece igual". Cuando yo escuché esto me quedé asombrado porque yo también soy testigo de no creerle a Dios suficiente por tantas cosas que pasamos en nuestra vida. Muchas veces, Dios tiene que quitarte cosas para agarrar tu atención.

¿Te cuento algo? En el mes de febrero me compré una moto. Mi esposa no quería que me la comprara, pero yo, como soy, no le hice caso y me la compré. Lamentablemente, tuve un accidente en ella y me rompí la pierna completamente por la mitad. En el momento, la adrenalina era tan intensa que no sentí ningún dolor. Lo fuerte no fue el accidente, sino todo lo que vino después en la recuperación. En los próximos meses tuve pesadillas todas las noches. Sentía que una troca me pegaba más fuerte, o un carro me pasaba por encima, me aplastaba y moría. Me levantaba en sudor y empapaba la cama. En ese proceso me estaba tomando unas medicinas fuertes que estaban controlando mis emociones. Me acuerdo de que un martes volví a tener una pesadilla; me levanté de la cama, agarré mis muletas y comencé a llorar como loco. En ese momento sentí como que estaba encerrado en un cuarto oscuro sin salida. Me tiré al piso y comencé a pelear con Dios y a reclamarle por qué estaba pasando por ese proceso tan difícil. Por mucho tiempo he predicado sobre la depresión, la ansiedad y el estrés, pero qué difícil es cuando te toca a ti. En ese momento comencé a ver demonios y escuchar voces que decían: "Termínalo todo y estarás bien". Pensé un poco en esto, pero luego me tiré al piso en mi sala y comencé a hablar con Dios. Me acuerdo de que exclamé con una gran voz: "¡Auxíliame, por favor!".

Antes de mi accidente yo nunca pude comprender y criticaba que líderes y pastores se quitaran la vida porque las pruebas y el peso del ministerio eran muy fuertes. Me acuerdo de que yo decía: "¿Cómo es posible que una 'persona de Dios' pueda cometer un acto tan deshonroso?". Cuando me pasó a mí pude entender que esta guerra mental no es nada fácil. Las personas no entenderán a aquellos que tienen guerra en la mente hasta que tengan que pasar por ese desierto. Yo te puedo decir que yo recibí la liberación de Dios estando solo y hablando con Él todos los días. Mi proceso mental duró 30 días, pero sentí que estuve atrapado en un cuarto oscuro y sin salida por años.

Con esto me acuerdo de la historia de Job. La Biblia dice en el capítulo 1 del libro de Job que éste era un hombre recto, perfecto, hombre temeroso de Dios, y que nunca habría alguien igual. Esto es una fuerte declaración. En otras palabras, ni nosotros llegaremos a la estatura de él. Ahora bien, es impresionante que Dios se lo ofreció a satanás para zarandearlo, a un hombre que tenía una relación tan fuerte con Dios, que no le faltaba nada.

Y dijo Jehová a Satanás: ¿De dónde vienes? Respondiendo Satanás a Jehová, dijo: De rodear la tierra y de andar por ella. Y Jehová dijo a Satanás: ¿No has considerado a mi siervo Job, que no hay otro como él en la tierra, varón perfecto y recto, temeroso de Dios y apartado del mal? Respondiendo Satanás a Jehová, dijo: ¿Acaso teme Job a Dios de balde? ¿No le has cercado alrededor a él y a su casa y a todo lo que tiene? Al trabajo de sus manos has dado bendición; por tanto, sus bienes han aumentado sobre la tierra. Pero extiende ahora tu mano y toca todo lo que tiene, y verás si no blasfema contra ti en tu misma presencia. Dijo Jehová a Satanás: He aquí, todo lo que tiene está en tu mano; solamente no pongas tu mano sobre él. Y salió Satanás de delante de Jehová.

(Reina Valera, 1960, Job 1:7-12).

Yo honestamente creo que nosotros debemos de pasar diversas pruebas para fortalecer nuestra relación con Dios aún más. Mi proceso fue muy emocional y una guerra del infierno quiso ganarme. Yo soy una persona a la que le encanta estar con la gente; me fascina hablar con la gente. Pero en ese momento en mi vida no quería estar con nadie. Ahí yo entendí que yo no estaba bien. No fue hasta que comencé a hablarle a la situación, y por fe no importándome lo que mis ojos estaban viendo, que salí de esa.

Algo que siempre hay que recordar es que las instrucciones de Dios siempre nos van a impulsar a crecer. Dios nunca te va a pedir que modeles algo que Él no modeló primero. Él es el arte del líder verdadero. A Él hay que imitar. Nadie es como Dios y nunca lo habrá. Un Dios perfecto vino a la Tierra, se hizo hombre, sufrió y murió por nuestros pecados, pero resucitó como gran rey, y esta es la historia que debo predicar hasta que Él venga.

Las cartas paulinas son muy interesantes porque Pablo nos habla sobre la importancia de imitar a Cristo. Qué hermoso es seguir a Dios. Esto me lleva a un pensamiento: cuando la gente presenta a Cristo les prometen a las personas una vida perfecta. Eso está muy lejos de la triste realidad. La verdad es que en este camino vamos a tener diversas pruebas, pero de todas ellas hay una lección por aprender. Este camino es como un jardín de rosas, pero también las rosas tienen espinas. Algo que yo aprendí de Dios es que Él te hablará de tu principio y hablará de tu pasado, pero nunca te dirá del proceso que hemos de pasar para llegar a nuestro destino.

Déjame te explico algo. El pueblo de Dios nunca llegó a la tierra prometida bajo el liderazgo de Moisés porque eran cabezones, como algunos de nosotros hoy día, no porque Dios era mentiroso, sino porque el enfoque de muchos ya no era Dios. Se dejaron influenciar por lo que veían y no por lo que deberían creer. No fue hasta que Dios llamó y preparó a Josué para conquistar Jericó. Dios le repitió a Josué, "Mira que te mando que te esfuerces, y seas valiente no temas ni desmayes porque Jehová tu Dios estará contigo donde quiera que tú vayas" (Reina Valera, 1960, Josué 1:9). ¡Esto es una declaración con peso! Dios estaba afirmando: Josué, donde tú te metas yo estaré contigo y los demás tendrán que ver que yo soy Jehová, tu Dios. La pregunta millonaria es: ¿podrá Dios confiarnos esa autoridad? ¡Donde quiera que vayas Él estará contigo! Nota que hay algo interesante aquí: ¿Dios nos sigue a todos? Por supuesto que no, sólo a hijos.

"El Espíritu mismo da testimonio a nuestro espíritu, de que somos hijos de Dios" (Reina Valera, 1960, Romanos 8:16).

"Esto es, no son los hijos de la carne los que son hijos de Dios, sino que los hijos de la promesa son considerados como descendientes" (Reina Valera, 1960, Romanos 9:8).

Estas declaraciones nos dicen que no todos son hijos de Dios, sólo aquellos que hacen su voluntad. Lo que debo practicar es amar a Dios sobre todas las cosas para que todo me vaya bien. Lo que más amos de la Biblia es el siguiente versículo: "Mas el que persevere hasta el fin, este será salvo". (Reina Valera, 1960, Mateo 24:13).

Qué versículo más poderoso. Este versículo nos da seguridad de que la salvación se tiene que cuidar. Si algo se tiene que cuidar, y tenemos que perseverar para ser salvo, entonces nos indica que algo que no se cuida o no se persevera se pierde. Mira lo que dice Pablo: "Por tanto, amados míos, como siempre habéis obedecido, no como en mi presencia solamente, sino mucho más ahora en mi ausencia, ocupaos en vuestra salvación con temor y temblor" (Reina Valera, 1960, Filipenses 2:12).

Hay que cuidar el regalo que Cristo nos dio: nuestra salvación. Te lo pongo de esta manera: si la salvación no fuera tan importante, ¿entonces por qué Jesús lo dejó todo por venir y morir por nosotros? Dios quiere lo mejor para nosotros, pero nosotros tenemos que darle a Él lo más valioso: nuestra vida. Lo que debes practicar es dedicarte completamente a Él y olvidarte del resto. Él es el capitán, Él lleva el timón. Si Él dijo crucemos al otro lado, ¡entonces significa que vamos a llegar!

En el libro de Lucas se nos narra una historia fascinante:

Aconteció un día, que entró en una barca con sus discípulos, y les dijo: Pasemos al otro lado del lago. Y partieron. Pero mientras navegaban, él se durmió. Y se desencadenó una tempestad de viento en el lago; y se anegaban y peligraban. Y vinieron a él y le despertaron, diciendo: ¡Maestro, Maestro, que perecemos! Despertando él, reprendió al viento y a las olas; y cesaron, y se hizo bonanza. Y les dijo: ¿Dónde está vuestra fe? Y atemorizados, se maravillaban, y se decían unos a otros: ¿Quién es este, que aun a los vientos y a las aguas manda, y le obedecen?

(Reina Valera, 1960, 8:22-25).

Me fascina cómo trabaja Jesús. Yo sé que Él sabía lo que iba suceder en ese barco en el transcurso del viaje. Nota, Él dijo: "Pasemos al otro lado". De lo que nos olvidamos es que ya hubo una orden. En ese momento quizás los discípulos estaban pensando que nada iba suceder porque Jesús estaba con ellos. Con anterioridad a este suceso, Jesús andaba enseñado y predicándole a los discípulos; este suceso fue suficiente para que los discípulos activaran lo que Jesús les había enseñado. ¿Pudo ser una forma de Dios ejercer la fe? Yo creo que todo lo que Jesús dijo e hizo fue por un propósito. El maestro siempre tuvo algo o dijo algo que nos enseña que debemos practicar para ser verdaderos líderes.

Hoy soy ejemplo de que, si buscamos a Dios con todas nuestras fuerzas, Él nunca te dejará solo. Yo soy ejemplo del favor de Dios. El amor que yo porto es ejemplo del amor de Dios. ¡Yo simplemente soy imitador de Cristo!

CAPÍTULO 7

LA RESTAURACIÓN

"Los tuyos reconstruirán las ruinas antiguas. Levantarás los cimientos que estaban destruidos de generación en generación. Y serás llamado reparador de brechas y restaurador de sendas para habitar" (Reina Valera, 1960, Isaías 58:12).

Uno de los tópicos más importantes en el cuerpo ministerial y del arte del líder es tener la capacidad y el amor para restaurar al caído. En el tiempo que tengo en los caminos de Dios he experimentado que los cristianos somos los únicos que nos criticamos los unos a otros, simplemente porque no somos iguales o formamos parte de un grupo que no nos parece. Algo interesante es cómo, a veces, empresas de la misma compañía están a sólo bloques la una de la otra y éstas no se tiran porque trabajan para la misma compañía. Ningún negocio anda tirando indirectas para que las personas sólo entré a su edificio para gastar su dinero en el mismo negocio. ¿Por qué algunas Iglesias son así? Se creen que son los únicos que van a ir al cielo. El amor de Dios alcanzó al mundo y no sólo a movimientos, sectas, religiones, sino también a los perdidos. El arte del verdadero líder actúa y reacciona ante el amor de Dios. En el momento que Jesús nos salvó, Él demostró su amor hacia nosotros, el cual no merecemos. Es impresionante que cuando nadie te amó, Él te amó. Cuando nadie te aceptó, Él te aceptó. El amor grande de Dios no escatima a ninguna persona, sino que abarca un mundo completo.

El apóstol Pablo siempre le hablaba a su hijo espiritual sobre la importancia de siempre mirar e imitar a Cristo. Es de suma importancia que un hijo de Dios siempre se mantenga conectado con papá. Toda persona que no tiene una relación con Dios es propensa a caer en un pecado activo.

Veamos lo que dice el libro de Gálatas:

Hermanos, si alguno fuere sorprendido en alguna falta, vosotros que sois espirituales, restauradle con espíritu de mansedumbre, considerándote a ti mismo, no sea que tú también seas tentado. Sobrellevad los unos las cargas de los otros, y cumplid así la ley de Cristo. Porque el que se cree ser algo, no siendo nada, a sí mismo se engaña. Así que, cada uno someta a prueba su propia obra, y entonces tendrá motivo de gloriarse solo respecto de sí mismo, y no en otro; porque cada uno llevará su propia carga.

(Reina Valera, 1960, Gálatas 6:1-5).

Hay 5 recomendaciones que yo te puedo dar para que apliques, si en algún momento experimentas una caída:

1. El arrepentimiento y la confesión.

El creyente debe confesar a Dios sus pecados y ofensas de una manera clara y específica. Confesar los pecados propios es ponerse del lado de Dios, rendirle cuentas, nombrar a la situación como Dios la nombra y estar dispuesto a aceptar el peso de la consecuencia con la actitud de no volver a caer en lo mismo. La confesión debe ser dada con suma actitud de fe y confianza, con esperanza en la fidelidad de Dios y su poder para limpiar y otorgar un corazón. Nota que la confesión no está dirigida a ningún hombre, sino que es una conversación entre tú y Dios. Gracias a nuestro Señor Jesucristo por el sacrificio de la cruz.

2. El perdón.

El creyente debe mantener la certeza de que cuando ha confesado su pecado con sinceridad a Dios, Él le perdonará todos sus pecados, sin excepción (Daniel 9:9). Dudar del perdón de Dios es dudar de Él mismo. La sangre de Cristo no sólo ha perdonado nuestros antiguos pecados, sino que tiene vigente poder y eficacia para perdonar nuestros pecados de aquí en adelante, hasta llegar a la presencia de Dios (Reina Valera, 1960, 1 Juan 1:9).

3. Una ayuda.

Es importante que otras personas nos ayuden a sobrellevar los sufrimientos y cargas que vienen en el proceso de restauración (Reina Valera, 1960, Gálatas 6:1-2). Necesitamos ser enseñados y aconsejados. Para esto se requiere humildad y una profunda honestidad. Esta labor no es únicamente del pastor, sino de todos los hermanos espirituales.

4. La restitución.

Era parte de la ley de Dios (Reina Valera, 1960, Levíticos 6:4), pero ahora es un elemento sanador para el caído. Siempre que sea posible, el hermano que ha pecado contra alguien debe buscar el restituir el daño; esto le dará libertad en su conciencia y le proveerá un mejor camino hacia la sanidad completa.

5. El servicio y congregación.

El creyente debe participar constantemente en el servicio de la obra del Señor, asistir fielmente a los cultos y llevar algún entrenamiento para su discipulado. La comunión, la palabra y el servicio constante serán parte de su renovación y crecimiento espiritual. A través de todo esto, el creyente es evaluado para ver si avanza en su restauración. Es impropio que se diga que un creyente está en proceso de restauración cuando se le impide hacer hasta lo más mínimo. Yo no creo en solamente aislar a las personas y esperar a que se motiven o se levanten sin ayuda de otros que son más fuertes que ellas.

En el tiempo que tengo en el ministerio ha sido impresionante ver cómo Iglesias corrigen la falta de algún líder o miembro, pero son muy pocas las que actualmente se proponen ayudar al caído. El libro de Miqueas expresa algo muy poderoso: "Tú, enemiga mía, no te alegres de mí, porque aunque caí, me levantaré; aunque more en tinieblas, Jehová será mi luz" (Reina Valera, 1960, Miqueas 7:8). Siempre me ha encantado este pasaje, y nos revela que no importan las faltas por las que podamos estar pasando, pues siempre tenemos a un Dios poderoso para levantarnos de cualquier caída que enfrentemos. La primera carta de Corintios nos explica algo interesante:

Así que, el que piensa estar firme, mire que no caiga. No os ha sobrevenido ninguna tentación que no sea humana; pero fiel es Dios, que no os dejará ser tentados más de lo que podéis resistir, sino que dará también juntamente con la tentación la salida, para que podáis soportar.

(Reina Valera, 1960, 1 Corintios 10:12-13).

"Todo me es lícito, pero no todo conviene; todo me es lícito, pero no todo edifica. Ninguno busque su propio bien, sino el del otro" (Reina Valera, 1960, 1 Corintios 10:23-24). Es importante entender el poder de la restauración. La restauración es algo inevitable para el creyente. ¿Cómo vamos a conocer al Dios de la restauración si nunca lo hemos experimentado? El poder de Cristo es lo único que puede restaurar a una persona. Ahora, aun eso siendo cierto, como líder, el amor de Dios en ti debe sentir compasión por una persona necesitada del perdón eterno de Dios. ¿Cómo encontrarán la paz si nadie les predica?

Mientras estudiaba la palabra, un tiempo atrás, me di de cuenta de que, aunque Dios amaba el mundo, Él siempre tuvo problemas con su pueblo por la dureza de su corazón. Incluso la razón por la que no pudieron llegar a la tierra prometida fue su desobediencia. Esto me da entender que Dios siempre se tomaba el tiempo para reprender a su pueblo por la dureza que existía dentro de él. Hoy día nada ha cambiado. El pueblo todavía anda en desobediencia a Dios, y es por eso que Jesús tenía que venir al mundo. Como creyentes no nos debe alarmar la frialdad de la gente. Incluso debemos recordar que la Biblia nos enseña que en los últimos tiempos el amor de muchos se enfriará. Es importante entender algo aquí: experimentar el amor de Dios para que reflejemos quien Él es para nosotros. Si la Biblia dice que Dios es amor, entonces, si tenemos un encuentro con Él, podremos imitarlo a Él y amar al prójimo de igual manera.

Algo impresionante de Jesús es que al venir al mundo a morir por nosotros, antes de que fuéramos formados, nos relató un amor tan inmenso que nunca nadie podrá superar ese acontecimiento. Lo que más me encanta es que Él vino para que nadie se pierda, para que todos tengamos el mismo acceso al Padre.

Hay una pregunta que muchos me han hecho: "¿Pastor, habrá gente destinada a la perdición?".

Bueno, la palabra dice que la única forma de llegar al Padre es a través de la salvación del Hijo. Entendemos que, si no recibimos a Jesús, que es el Hijo, entonces no recibiremos al Padre, que está en los cielos. La entrega de la salvación del alma lleva a tener una intimidad con el Padre. La intimidad con el Padre nos acerca a tener una experiencia, y en esa experiencia vemos y sentimos lo que es el verdadero amor de Dios. La restauración sólo viene por Dios. Podrás correr y buscar tanta ayuda, pero, si la ayuda no proviene de Dios, entonces siempre te sentirás vacío.

El arte del verdadero líder, al final, refleja las características de Jesús como nuestro máximo líder. No tratemos de imitar a nadie, sólo a Jesús, el único que vino a la Tierra y se mantuvo perfecto. Dios demandará mucho de nosotros los creyentes, por ejemplo, cómo vivimos nuestra vida como ejemplo para otros.

Te dejo con esto: No vivas tu vida con temor a fallarle a Dios, ¡vive tu vida con pasión y agradecido de que tienes un Dios grande!

¡Bendiciones!

ĄGRADECIMIENTOS

Quiero comenzar dándole gracias a Dios por la oportunidad de tener este privilegio y escribir este libro. Ciertamente, he vivido momentos fuertes, pero me ayudaron llegar a donde estoy. A mi bella esposa, Betania Machado, que desde el primer día creyó en mí y ya son 18 años. Tus palabras y tu empuje me hacen más fuerte. Mis 4 hijos son mi inspiración. ¡Ángel David, Josiah, Giovanni y mi princesa, Nayeli, para ustedes vivo! Estoy totalmente convencido de que sin las fuerzas de Dios no podré disfrutar mi familia. Mis pastores David y Bernice González que me formaron por 15 años en el ministerio antes de salir a pastorear. ¡Toda experiencia vivida me impactó y hoy soy producto de esa formación! A mi Iglesia: Ancla De Vida. Puedo decir que tengo el privilegio de pastorear la mejor Iglesia del mundo. Gracias por apoyarme en esta trayectoria ministerial. Como decimos: "¡Vamos por más!" y "Dale, que tú puedes".